CATALOGUE

DES

DESSINS

ANCIENS & MODERNES

COMPOSANT LA COLLECTION

De feu M. SORET

DONT LA VENTE AUX ENCHÈRES PUBLIQUES AURA LIEU

HOTEL DES COMMISSAIRES-PRISEURS

Rue Drouot, n° 5

SALLE N° 4

Les Vendredi 15 et Samedi 16 Mai 1863, à 2 heures précises.

Me PERROT, Commissaire-Priseur, place du Pont-Saint-Michel, 5,

Et Me DELBERGUE-CORMONT, son Collègue, rue de Provence, 8,

Assistés de M. CLEMENT, M^d d'Estampes de la Bibliothèque
Impériale, rue des Saints-Pères, 3.

EXPOSITION PUBLIQUE

Le Jeudi 15 Mai 1863, de une heure à cinq heures.

PARIS

RENOU & MAULDE

IMPRIMEURS DE LA COMPAGNIE DES COMMISSAIRES-PRISEURS

Rue de Rivoli, 144

1863

CONDITIONS DE LA VENTE

—

Elle sera faite au comptant.

Les Acquéreurs paieront en sus des adjudications, CINQ CENTIMES PAR FRANC.

DESIGNATION

DESSINS

BOISSIEU (J.-J. DE)

1 — Vue prise aux environs de Lyon.

Beau dessin lavé à l'encre de Chine.

2 — Tête de vieille femme.

Beau dessin à la sanguine rempli d'expression.

BOUCHARDON (EDME)

3 — Offrande à Priape.

Joli dessin à la sanguine.

BOUCHARDY

4 — Portrait de M. Guizot.

Miniature d'après Paul Delaroche.

BOUCHER (FRANÇOIS)

5 — Tête de jeune fille sentant une rose.

Très-beau pastel ; signé.

6 — Sujet pastoral.

Très-beau dessin au crayon noir pour un éventail.

BOUCHER (François)

7 — Berger et bergère.

Dessin au crayon noir.

BOUCHER & AUTRES

8 — Portraits, Paysages et Sujets allégoriques.

Sept dessins à la plume et à la sanguine.

BOURDON (Sébastien) ET AUTRES

9 — Sainte Famille, Portrait, etc.

Quatre dessins à la plume.

BRALLE (J.)

10 — Portrait du duc d'Angoulême.

Dessin au crayon noir rehaussé.

BREUGHEL (Jean, dit DE VELOURS)

11 — Villages hollandais aux bords de la mer et Paysage.

Trois dessins à la plume, lavés. (Collections John Barnard.)

BALTARD (Attribué à)

12 — Grande vue panoramique de Rome.

Très-beau dessin à l'aquarelle.

BAUR (W.)

13 — Vue d'un port de mer animé d'un grand nombre de figures

Très-belle gouache miniaturée dans un cadre en bois d'ébène; signée et datée 1637.

BACKHUYZEN (L.)

14 — Marine. Sur le premier plan, divers personnages.

Charmant dessin à la plume, lavé à l'encre de Chine.

BECCAFUMI (D.)

15 — La Vierge et l'Enfant Jésus sous un autel supporté par deux figures de femmes.

Dessin capital au bistre.

BERGHEM (Nicolas)

16 — Troupeau au repos.

Dessin à la sanguine.

BELLA (E. Della)

17 — Environ quarante dessins à la plume et au crayon, sur neuf feuilles.

18 — Frontispice, Paysages et Croquis.

Six dessins à la plume et au bistre.

BELLANGE (J.)

19 — Portrait d'Antoine de Bourbon, roi de Navarre, en 1552.

Très-beau dessin au crayon rehaussé d'or, sur vélin.

BERNARD

20 — Recueil de caricatures et autres figures en traits de plume à main levée.

CALLOT (J.)

10 21 — Sujets de la Passion et Costumes.

Vingt croquis à la plume sur deux feuilles.

CALLOT (D'après)

9 22 — Costumes d'homme et femme.

Deux charmants dessins à la plume, par Overleat; 1758.

CANALETTI (A.)

160 X 23 — Vue d'une des portes de Padoue.

Superbe dessin enrichi d'un grand nombre de figures et de barques; à la plume, au bistre et lavé d'encre de Chine. (Collection Mariette.)

210 24 — Vue de la place Saint-Marc, à Venise.

Dessin très-fini à la plume et au bistre, lavé d'encre. (Collection John Barnard.)

151 25 — Vue prise dans une des îles de Venise.

Dessin à la plume, lavé à l'encre, mêlé de bistre.

44 26 — Vue de Padoue.

Dessin à la plume, lavé de bistre.

190 27 — Vues de Venise et de Padoue.

Deux dessins à la plume, lavés de bistre et coloriés.

31 28 — Vue de Venise. — Étude de barque vénitienne.

Deux dessins à la plume, coloriés.

CARRACHE (École de)

29 — Grand dessin à la plume et au bistre, destiné à un plafond ; le milieu représente une assomption de la Vierge entourée par différents sujets allégoriques.

CASTIGLIONE, RICCI & AUTRES

30 — Croquis et Paysages.

Dix-sept dessins à la plume.

CLERISSEAU

31 — Arc de triomphe de Constantin.

Dessin capital largement exécuté au bistre.

32 — Vues de Rome et de France.

Recueil de cinquante-deux dessins à la plume, au bistre et à l'aquarelle.

33 — Album contenant quarante-quatre dessins coloriés, Études de monuments de Rome et autres.

COURTOIS (Jacques, dit LE BOURGUIGNON)

34 — Combat de cavalerie.

Dessin vigoureusement lavé au bistre.

DALEN (Corneille Van)

35 — Tête de vieille femme hollandaise.

Charmant dessin à la mine de plomb.

DAVID (Louis)

36 — Étude pour le sacre de Napoléon Ier.

Dessin lavé à l'encre, portant la signature du maître.

37 — Andromaque pleurant la mort d'Hector.

Dessin au crayon et lavé à l'encre de Chine, pour son tableau de réception à l'Académie. Signé et daté 1782.

38 — Étude au crayon pour la pose de la figure de l'Empereur dans le sacre ; au verso, la figure de l'impératrice Joséphine, à genoux.

39 — Études de martyrs.

Dessin à la mine de plomb.

DAVID (École de)

40 — Portrait de Pie VII.

Très-beau dessin au crayon, lavé d'aquarelle.

40 bis. La mort de Socrate.

Dessin au bistre réhaussé de blanc.

DELAROCHE (Paul)

41 — Mort du président Duranti, premier président au Parlement en 1589.

Dessin très-capital à la mine de plomb, signé.

42 — Portrait de femme.

Joli dessin à la mine de plomb, portant le monogramme de l'artiste et daté 1832.

DESPRÉS

43 — Intérieur de Saint-Pierre de Rome, animé de personnages.

Joli dessin à la plume, lavé et colorié.

43-bis. Cérémonie religieuse dans l'intérieur de St-Pierre de Rome.

Grand et beau dessin à l'aquarelle.

DEMARNE (J.-L.)

44 — Paysage animé d'anlmaux au pâturage.

Dessin très-capital lavé à l'encre et légèrement colorié.

DIETRICH (G.-E.)

45 — La Mise au tombeau.

Très-beau dessin rempli de sentiment, sur papier teinté, lavé à l'encre et rehaussé de blanc, signé et daté 1730.

DOES (Jacques Vander)

46 — Troupeau de moutons et chèvres en marche, conduit par des bergers.

Dessin capital à l'encre de Chine, légèrement teinté de bistre. signé et daté 1654, La Haye.

DOMINIQUIN (École du)

47 — La Communion de saint-Jérôme.

Dessin à la sanguine.

D'ORGEWILLES

48 — Singes à table.

Dessin à l'aquarelle.

DUPLESSIS-BERTAUX

49 — Costumes Louis XIII.

Dessin à la plume.

DUMOUSTIER (D.)

50 — Portrait d'homme.

Très-beau dessin à plusieurs crayons, signé et daté 1609.

DYCK (ANT. VAN. École de)

51 — Portrait de seigneur à cheval, suivi de son valet.

Dessin au crayon noir.

ECKHOUT (G. VAN DEN)

52 — Abraham renvoyant Agar.

Dessin à la plume, lavé de bistre.

ÉCOLE FLAMANDE

53 — Paysages.

Dix dessins à la plume et au bistre.

ÉCOLE FRANÇAISE

54 — Sujet fantastique sur les Aérostats.

Dessin à la plume, lavé.

55 — Visite du roi Louis XVI au port de Cherbourg

Trois grands dessins à l'encre de Chine, représentant divers épisodes de cette visite. Ces dessins avaient été remis par le maréchal de Castries à Moreau le jeune pour être gravés

ÉCOLE FRANÇAISE

56 — Grand Dessin représentant un paysage, en forme de
frise.

Sur papier de la Banque.

57 — Portrait du Prince de Condé.

Dessin au crayon noir.

58 — Douze Dessins à la plume et à la sanguine.

59 — Deux Trompe-l'OEil représentant des dessins et gra-
vures.

ÉCOLE HOLLANDAISE

60 — Paysage avec figures et animaux, dans le genre de
A. Van Velde.

Dessin très-fini à l'encre de Chine.

ÉCOLE ITALIENNE

61 — Sujets de sainteté.

Cinq dessins à la plume lavés de bistre et aux trois crayons.

61 bis. — L'Annonciation.

Joli dessin à la plume lavé au bistre.

FETI (Dominico)

62 — Portrait d'homme âgé.

Beau dessin à plusieurs crayons. (Collection Mariette.)

FREY (J. DE)

63 — Portrait de Maron, pasteur protestant.

Dessin au crayon noir, lavé.

GESSNER (SALOMON)

64 — Paysage.

Desssin très-fini, lavé à l'encre.

GHEZZI & AUTRES

65 — Portraits d'hommes et Sujets d'enfants.

Six dessins à la plume, lavés de bistre.

GILLOT & AUTRES

66 — Quatre Dessins d'ornements.

GOLTZIUS (H.)

67 — Portrait d'homme.

Joli dessin à la plume, sur vélin.

GOUJON (JEAN)

68 — Salière, de chaque côté deux sirènes surmontées de deux femmes nues, au milieu une cariatide supportant un bassin.

Dessin à la plume.

GRANDVILLE (J.-J.)

69 — Un Concert d'ânes.

Dessin à la plume, pour la vie privée des animaux.

GRANET

70 — Intérieur de cloître, animé de personnages.

Très-beau dessin à la plume, lavé d'encre de Chine.

71 — Intérieur de cloître, à Rome.

Dessin à la plume, lavé de bistre.

GREUZE (J.-B.)

72 — Le Départ de l'enfant en nourrice.

Magnifique dessin à l'encre, lavé de bistre, connu par la gravure.

73 — Première pensée du sujet précédent.

Dessin au bistre.

74 — Tête de jeune fille affligée, appuyée sur ses mains.

Très-beau dessin aux crayons noir et rouge.

75 — Étude d'un jeune garçon.

Dessin à la sanguine pour un de ses tableaux.

GROS (D'après)

76 — Napoléon visitant les pestiférés de Jaffa.

Grand dessin très-fini au crayon noir rehaussé exécuté pour la gravure de Laugier.

GUARDI

77 — Vue du grand canal, à Venise.

Dessin capital, lavé à l'encre mêlée de bistre.

78 — Vue de la Basilique de Saint-Marc, à Venise.

Dessin à la plume, lavé d'encre de Chine.

79 — Intérieur de monument, à Venise, animé de figures.

Joli dessin à la plume, lavé au bistre.

HACKERT (P.)

80 — Étude de rochers et d'arbres.

Dessin à l'encre de Chine.

HENNEQUIN

81 — Les Remords d'Oreste.

Grand dessin à la plume et au bistre, pour son tableau du concours décennal, signé et daté.

HERMAN SWANEVELT (Attribué à)
ET AUTRES

82 — Paysages.

Sept dessins à la plume, lavés de bistre.

HERMANN

83 — Portrait du comte de Chambord en costume d'Écossais.

Dessin à l'aquarelle.

HERSENT (D'après)

84 — Louis XVI distribuant des secours aux pauvres dans l'hiver de 1788.

Très-beau dessin au crayon noir rehaussé, exécuté pour la gravure de Adam.

HOUEL

85 — Repos d'animaux sur le devant ; dans le fond un troupeau en marche.

Dessin à la plume, lavé d'encre de Chine.

HUYSUM (D'après Van)

86 — Bouquet de fleurs dans un vase.

Dessin à l'aquarelle, par Van Dael.

INCONNU

87 — Intérieur d'église.

Dessin à l'aquarelle.

88 — Costumes turcs.

Trente-cinq dessins à la sanguine.

JANET

89 — Portrait de Femme.

Beau dessin à plusieurs crayons.

JOLIVET

90 — Mendiants espagnols à la porte d'un couvent.

Dessin au crayon, lavé de bistre.

KONINK (Philippe)

91 — Paysages.

Deux dessins à la plume dont un colorié.

LAGNAU & PORBUS

92 — Portraits d'Hommes.

Deux dessins aux trois crayons.

LANTARA (S.-M.)

93 — Paysages dans le même cadre.

Deux très-jolis dessins à la pierre d'Italie.

LAREGA (F.)

94 — Entrée de la reine de Suède à Rome. — Couronnement de don Carlos, infant d'Espagne.

Deux dessins à la plume, lavés de bistre,

LAVALLÉE-POUSSIN & AUTRES

95 — Jeux d'enfants. — Foire de village.

Deux dessins à la plume et à l'aquarelle.

LEBRUN (Élisabeth-Vigée)

96 — Vénus et l'Amour. — Tête de Femme. — Femme agenouillée.

Trois dessins à plusieurs crayons.

LIGOZZO (J.)

97 — La Mise au tombeau, d'après le Parmesan.

Très-beau dessin à la plume, lavé et rehaussé d'or.

LOO (Carle Van), LEBRUN & AUTRES

98 — Sujets de Vierge, Plafonds, etc.

Six dessins au crayon et à la sanguine.

MARTIN LE SUÉDOIS

99 — Études de Têtes.

Trois dessins à la plume, lavés de bistre.

MELLAN (Claude)

100 — Portrait d'Homme.

Joli dessin à plusieurs crayons.

MEULEN (A.-F. Vander)

101 — Louis XIV assiégeant la ville de Lille.

Très-beau dessin à la sanguine.

102 — Siége d'une ville.

Très-beau dessin à la sanguine.

MERLIN DE CORK

103 — Paysage; au milieu, un moulin à eau.

Joli dessin au bistre, signé.

MOITTE

104 — Sacrifice.

Dessin en forme de frise lavé à la plume.

NORBLIN

105 — Intérieur d'église animé par une assemblée considérable de personnages polonais.

Très-beau dessin lavé à l'encre de Chine et rehaussé de blanc, signé et daté 1785.

NORBLIN

106 — Montagnes russes.

Dessin très-fin à l'aquarelle.

NICOLLE (J.-V·)

107 — Vue de Florence.

Dessin capital à l'aquarelle.

108 — Vues de Rome.

Quatre dessins à l'aquarelle.

109 — Vues de Rome.

Quatre dessins à l'aquarelle de forme ronde.

NETSCHER (G.)

110 — Portrait d'Anne, comtesse de Bedfort, et deux figures d'Hommes.

Trois dessins au crayon noir, à la sanguine et à la plume, lavés.

NEYTS (Gilles)

111 — Vue d'un château en Allemagne ; sur le devant, des rochers et une cascade.

Charmant dessin très-fini à la plume, signé et daté 1650.

OMMEGANCK (B.-P.)

112 — Paysage animé par un troupeau de chèvres et moutons gardé par des bergers.

Dessin capital lavé à l'encre, mêlée de bistre.

ORLIXC

113 — Joseph expliquant les songes de Pharaon.

Dessin à la plume.

OUDRY (J.-B.)

114 — Vue prise aux environs de Paris.

Dessin au crayon noir, rehaussé de bleu, sur papier bleu.

OVERLAET (Antoine)

115 — Gibier mort et attributs de chasse dans un paysage.

Dessin très-fin à la plume. d'après le tableau original de Ghyssels de même grandeur.

PALMERIUS

116 — Paysage avec ruines, de forme ronde.

Dessin à la plume, lavé.

117 — Scène funèbre.

Dessin au bistre, signé.

PAPETY

118 — Figure de Moine assis. — Paysanne italienne.

Deux beaux dessins à l'aquarelle.

PARMESAN (Francesco Mazzuoli, dit le)

119 — La Charité.

Joli dessin à la plume. (Collection Denon.)

PARMESAN (Francesco Mazzuoli, dit le)

120 — Nymphes se baignant.

Dessin à la plume, lavé et rehaussé de blanc.

PARROCEL (Joseph)

121 — Le Passage du Rhin en présence de Louis XIV.

Dessin à la plume, lavé de bistre et d'encre, et rehaussé de blanc.

PERIGNON (H.)

122 — Vue de la place Louis XV prise du bord de l'eau.

Très-belle gouache.

PERINO DEL VAGA (Pietro Buonacorsi, dit)

123 — Figures d'enfants dans un fond d'ornement. — Jésus guérissant le paralytique.

Trois dessins à la plume, lavés de bistre.

PERNOT

124 — Étude d'arbre.

Dessin au lavis; plus un autre dessin : Intérieur de monument de la Renaissance.

ROMAIN (Giulio Pippi, dit Jules)

125 — Assemblée des Dieux.

Dessin au bistre.

POLYDORE DE CARAVAGE

126 — Joseph et ses frères.

Dessin à la plume.

PROTAIN

127 — Vue intérieure de la ville d'Alexandrie en Egypte.

Dessin à l'aquarelle fait au Caire en 1798.

128 — Vue des Sphinx d'Égypte.

Dessin à l'aquarelle.

PRUD'HON (P.-P.)

129 — Triomphe de Bonaparte, premier consul.

Précieux dessin à la plume, lavé de bistre.

PUGET (Pierre)

× **130** — Intérieur d'un port avec vaisseaux.

Dessin très-capital à l'encre, sur vélin, signé.

RAMBERT

131 — Caricature dessinée à la plume et portrait de Fra
Diavolo, à l'aquarelle.

REDOUTÉ (P.-J.)

132 — Bouquet de roses sur fond noir.

Joli dessin à l'aquarelle, signé.

133 — Bouquet d'œillets.

Très-beau dessin à l'aquarelle, signé et daté 1820.

134 — Étude de Pavot.

A la sanguine.

ROBERT (Hubert)

135 — Vue à Rome.

Dessin à la plume, lavé de bistre ; signé.

ROSSO DEL ROSSO

136 — Sujets mythologiques pour orfévrerie.

Deux dessins à la plume, lavés de bistre.

RUBENS (Pierre-Paul)

137 — Portrait de Femme.

Très-beau dessin au bistre, légèrement colorié.

RUBENS (Attribué à)

138 — La Résurrection de Lazare.

Très-beau dessin à la sanguine.

RUE (F.-R. de la)

139 — Assemblée de Musulmans dans un temple de riche décoration.

Dessin à la plume, lavé de bistre, portant les initiales de l'artiste.

140 — Costumes militaires : Cimbalier et Tambour.

Deux charmants dessins à l'aquarelle.

141 — Batailles.

Deux dessins en forme de frise à l'aquarelle.

SARTE (André del)

142 — Mendiant appuyé sur son bâton.

Dessin à la plume, lavé de bistre.

SEVIN (P.)

143 — Portrait équestre de Turenne, surmonté d'un Amour portant la bannière fleurdelisée.

Très-belle miniature, signée et datée 1670.

SIRANI

144 — Frise représentant des jeux d'enfants.

Dessin au bistre.

SWEBACH-DESFONTAINES

145 — Intérieur de ferme, animé de soldats buvant.

Très-beau dessin à l'aquarelle, signé et daté 1789.

146 — Rendez-vous de chasse.

Beau dessin au crayon noir, rehaussé de blanc, sur papier de couleur.

147 — Costumes russes.

Trois dessins à la plume, lavés d'aquarelle.

THIENON (Louis)

148 — Intérieur de la chambre de Henri II au château de Blois.

Dessin à l'aquarelle.

THOMAS

149 — Ecclésiastique allant porter le saint viatique.

Dessin à la plume, lavé d'aquarelle.

THOTEBA

150 — Grand paysage composé.

Dessin à la plume, signé.

TINTORET (Jacques-Robusti, dit le)

151 — Adoration du veau d'or; Jésus chez le Pharisien.
Deux compositions différentes.

Trois dessins à plusieurs crayons et lavés de bistre.

TOUR (Maurice-Quentin de la)

152 — Portrait de Madame Louise, fille de Louis XV.

Très-beau pastel d'une conservation remarquable.

VANNI (Francesco)

153 — La Fuite en Égypte.

Charmant dessin à la plume et à la sanguine, lavé de bistre. (Collection Mariette.)

VELDE (Guillaume van de)

154 — Marine.

Dessin à la plume, lavé d'encre de Chine.

VILLERET

155 — Vue de l'intérieur de l'hôtel de ville à Rouen.

Dessin à l'aquarelle.

VINCENT

156 — Épisode des guerres de la Fronde.

Dessin capital à la plume, lavé de bistre.

WILLE (Fils)

157 — Portrait de Marie-Louise de Forge, femme de Jean-Georges Wille, célèbre graveur.

Dessin très-terminé au crayon noir, signé et daté 1774.

158 — Vues prises près de Montfaucon et dans les carrières aux environs de Paris.

Deux dessins à la sanguine et à l'aquarelle.

ZUCCHERO (T.-F.)

159 — Le Jugement de Pâris.

Ancienne miniature sur vélin.

160 — Cérémonies religieuses.

Deux beaux dessins à la plume, lavés de bistre, dont un provenant de la Collection Mariette.

161 — Album in-fol. obl., d. rel., contenant soixante-quatre dessins au lavis, à l'aquarelle et au crayon, par Cassas, Demarne, Boissieu, Perignon, Des-

portes, Taunay, Van Spaendonck, Leclerc, Nor-
blin, Huet, Nicolle, Gudin, Panini, Chardin, Wille,
Boucher, Redouté, Pigalle, Leprince, Fragonard,
Gravelot, Duplessis, Moreau, etc.

162 — Album in-fol. obl., d.-rel., contenant quarante-trois
dessins au crayon, à l'encre et à l'aquarelle, par
Gérard, David, Leclerc, Meynier, Bourdon, Fragonard, Stopfer, Caraffa, Norblin, Granet, Thienon,
Vauzelle, Cassas, Gigante, Thomas, Latteux, Thi-
baut, Robert, E. Lamy, Gudin, Léon Cogniet,
Newton Fielding, Guérin, Paul Delaroche, etc.

163 — Album contenant cinquante dessins à l'aquarelle, au
bistre, au crayon noir et à la plume, par Paul
Delaroche, Nicolle, Cazenave, Carrache, etc. Dans
cet album se trouvent six lithographies coloriées
d'après Paul Delaroche.

164 — Quatre dessins indiens et chinois dans trois cadres.

165 — Portrait de Jacques Leboutillier de Rancé, abbé de la
Trappe.

Aquarelle sur vélin.

166 — Intérieurs de forêts.

Trois dessins à l'aquarelle, par Mathis.

ESTAMPES

AUDOUIN (P.)

167 — Collection de portraits de la famille de Bourbon.

Sept pièces.

CALLOT (J.)

168 — Portrait de Cl. Deruet.

Très-belle épreuve du premier état. Rare.

DELAROCHE (Paul, d'après)

169 — Sainte Cécile, gravée par M. Forster.

170 — Sainte Amélie, reine de Hongrie, gravée par H. Mercury.

Épreuve avant le titre de Reine de Hongrie, sur papier de Chine.

171 — Saint Vincent de Paul prêchant devant la cour de Louis XIII, par Z. Prevost.

Épreuve avant la lettre, sur papier de Chine.

DELAROCHE (Paul, d'après)

172 — Charles Ier insulté par ses gardes, par N. Martinet.

Épreuve sur papier de Chine.

173 — Cromwell ouvrant le cercueil de Charles Ier, gravé à la manière noire par M. Henriquel Dupont.

Épreuve avant la lettre. Rare.

174 — Scène de la Saint-Barthélemy, par Prudhomme.

Avant la lettre, sur papier de Chine.

175 — Portrait de M. Guizot, gravé par M. Calamatta.

Épreuve sur papier de Chine.

176 — Portrait du marquis de Pastoret, par M. Henriquel Dupont.

Épreuve sur papier de Chine, avec l'eau-forte. Deux pièces.

177 — Portrait de M. Henriquel Dupont, par Aristide Louis.

Épreuve avant la lettre, sur papier de Chine.

178 — Philippo Lippi et Enfants surpris par l'orage.

Deux pièces avant la lettre, gravées par Reynols et Mail.

179 — Charles-Édouard réfugié en Écosse, par Sixdeniers.

Épreuve avant la lettre.

DELAROCHE (Paul, d'après)

180 — Portrait de Mme Pasta, par Reynolds.

Epreuve avant la lettre.

LAUGIER

181 — Napoléon visitant les pestiférés de Jaffa.

Belle épreuve avant la lettre.

LEU (Th. de)

182 — Portrait de Catherine de Bourbon, sœur unique du roi.

Très-belle épreuve. (Collection R. Dumesnil.)

MAZOT (F)

183 — Portrait équestre d'Olivier Cromwell.

PONTIUS (P.)

184 — Portrait de Don Philippe de Gusman, d'après Van Dyck.

Très-belle épreuve du premier état, avec l'adresse de Martin Van den Enden.

SAENREDAM (J.)

185 — Vierges folles et sages.

Cinq pièces.

THOMAS

186 — Partie de son OEuvre en lithographie ; trente-trois
pièces.

187 — Paysages, portraits, etc., gravés par Callot, C. Dusart,
Séb. Leclerc. Silvestre et autres.

Trente-une pièces.

188 — Sous ce numéro, il sera vendu plusieurs lots d'estampes et de dessins non catalogués.

RENOU et MAULDE, imprimeurs de la Compagnie des Commissaires-Priseurs,
rue de Rivoli, 144.   22171